Detlef Potten

Meine Verteidigung der Astrologie

Zettelkasten

Bad Dürkheim, September 2016

In der Bibel, Buch HIOB, im 38. Kapitel steht:

Ausführest Du den Tierkreis gar zu seiner Zeit,
und leitest Du den Bär samt seinen Jungen ?
Erkennest Du der Himmelshöhen Gesetze ?
Bestimmst Du ihre Herrschaft für die Erde ?
(Henne 1936)

Führst Du rechtzeitig den Tierkreis herauf
und leitest den Bär mitsamt seinen Kindern ?
Kennst Du des Himmels Gesetze ?
Bestimmst Du, wie er die Erde beherrscht ?
(Rießler 1934)

Kennst Du des Himmels Ordnung
und bestimmst dessen Einfluß auf Erden ?
(Loch 1852)

Dagegen wird heute die entscheidende Stelle
verschleiert:

Bist Du es, der seine Schrift auf Erden niederlegt ?
(Herder 2005)

Und überträgst seine Schrift auf die Erde ?
(Hamp 1993)

Gewiß sind die neuen Übersetzungen wörtlicher, aber sie verdunkeln den Sinn. MISCHTARO (hier: Schrift) heißt eben nicht nur (sein) Schreiber, sondern auch Beamter, Aufseher und führt uns zu Bestimmung, Herrschaft, Einfluß, wie die Alten es formulierten.

Doch Schluß mit dem Geplänkel.

Ich vergaß: die Juden übersetzen (JPS):
Or impose its authority on earth.
(oder seine Autorität der Erde auferlegen)
Gut getroffen.

Was soll das alles: linguistisches, eitles Scheingefecht, bei dem es um irgendeine Hackordnung geht ?

---

Es gibt zwei konkurrierende Auffassungen, die zur Auswahl stehen, wenn man der Ansicht ist, daß Astrologie Sinn macht – als Charakterkunde. Voraussagen werden weitgehend ausgeschlossen, mit Rücksicht auf die menschliche Freiheit. Es geht um die Leidenschaften, Neigungen, wie Thomas von Aquin sagt. Entweder dürfen die Planeten usw. wirken oder sie zeigen nur Entsprechungen. Von parallelen Erscheinungen – wie oben, so unten – zu sprechen ist heutzutage noch leicht. Wenn man sich auf die psychologische Astrologie wirft, handelt es sich bestimmt um die tapfere Behauptung eines vermeintlich unangreifbaren Rückzuggebietes. Direkten

Einfluß der Sterne zu reklamieren, ist angesichts des vorherrschenden Wissenschaftsparadigmas der Berechenbarkeit und des Experiments – der naturwissenschaftlichen Betrachtungsweise ( im gewissen Sinn eines Glaubens ) - unerhört und verwerflich.

Schuld ist das „Weltbild" (Heidegger), das die Neuzeit beherrscht. Die Regeln des Labors gelten allgemein als der Standard. Wissenschaft erfährt eine Reduktion, die Naturwissenschaften fühlen sich für alles zuständig und bevormunden die anderen (Bergson). Die strukturelle, formelle Vernunft herrscht vor (Horkheimer, Ratzinger).

Diese Streiflichter mögen genügen. Jeder möge selber die Einzelheiten ansehen.

Wenn jemand sich nun unbedingt überhaupt vor die Entscheidung gestellt sieht, eine der beiden Thesen zu seinem „Glauben" hinzuzufügen, hier eine
Erörterung einer möglichen Erweiterung:

1. Weil es physikalische Gegenstände sein sollen, gibt also die Physik Auskunft über die Planeten.

2. Wo aber bleiben Psychologie und (Quanten)biologie, die auch betroffen sind ?

3. Was fangen wir mit Benjamins „mimetischem Vermögen" an, mit dem er den Einfluß erklärt ?

4. Kepler sah die Planeten-Aspekte ebenso als visuelle Einflüsse.

5. Planeten haben zu tun mit : Licht, Strahlung, Schwerkraft. Vergessen wir nicht, daß die beiden letzten nichts anderes als Metaphern, Symbole sind (Nietzsche, Spengler). Schon Schopenhauer fragte, was z.B. „Kraft" ist, die wie vieles andere im heutigen Wissenschafts-Paradigma unbefragt vorausgesetzt wird.

6. Die Frage der „Qualität" taucht auf: Was haben die „materiellen" Eigenschaften eines Planeten mit „psychischen" menschlichen zu tun ?

7. Kommen hier nicht Phänomene in den Blick, wie Wetterfühligkeit und Homöopathie, beide rote Tücher für „die Wissenschaft" ? Welche Art von Wirkungen erkennen wir hier an ?

8. Wenn keine Kausalität erkannt wird ( auf die naturwissenschaftliche Art ), ist dann überhaupt keine da ?
Weist das nicht eher auf unser Nicht-Wissen hin – nach dem vorausgesetzten Standard ?
Wie bewerten wir dann die astrologischen Treffer ?

9. Erkennen wir die dritte Erkenntnisart an : die Erleuchtung (Augustinus, Thomas), Intuition (Spinoza) ?
Neben Vernunft und Offenbarung.

10. Aristoteles, Augustinus, Plotinus, Dionysius, Albertus Magnus, Thomas von Aquin : alle waren sie von einer Wirkung der Planeten überzeugt. Wirken ihre Argumente noch ?

11. Ist es nötig, daß wir uns auf Jungsche Synchronizitäten zurückziehen müssen, auf Meditationsbilder, auf gezeigte Spiegelungen, um nicht nur mit der Kirche in Konflikt zu kommen (Aberglauben, Wahrsagerei) ?

12. Sollen wir wirklich besondere Fähigkeiten der Seele proklamieren, die Zeit und Raum überschreitet und Einblick in kosmische Zusammenhängen erhält ? (Jung)

Wie wäre es denn mit den good old-fashioned Einwirkungen, die Himmelskörper gegeben wurden ? Ich gehe genau wie die von mir oben Kritisierten von „Begriffen" aus (Bergson), mit der Absicht einer Handlung, z. B. Eines Be-Greifens eines praktischen Problems.

Welchem Zeugnis können wir vertrauen ? Wie wäre es einfach wieder nur mit Wahrscheinlichkeiten ? (Newman) Vergessen wir nicht, daß Wissenschaft und Mythos Arten von Glauben darstellen (Hübner) und Wahrheit verschieden erfahren und ausdrücken können.

Und wenn es die Bibel sein darf: Die Leuchten am Himmel in der Genesis als ZEICHEN bis zum Stern von Bethlehem. Nun kann ich nicht annehmen, daß der Gott, der tot ist oder besser: „sich zurückgezogen hat" (Jünger) noch irgendeinen Eindruck macht, außer den der Empörung, weil ein höheres Wesen sich in unsere Angelegenheiten mischt, aber versuchen kann man es trotzdem, nicht ?

Es ging Dinge zwischen Himmel und Erde...

Das bringt mich zu der Bemerkung, daß nur der, der nicht vollständig auf das naturwissenschaftliche Weltbild baut, offen ist für das astrologische Denken. Und der „Rationale", schauen wir uns seinen Alltag an, geht er nicht auch von vielem aus, was er nicht „beweisen" kann und glaubt fest daran ?

Es ist ein beglückendes Erlebnis, wenn die subjektive Beschreibung eines Verhaltens einer bekannten Person, die man sich bereitgelegt hat – es kann auch die eigene Person sein – bei der Suche in ihrem Horoskop, das man nach den uralten Vorschriften erstellt hat, wiedergefunden wird. Es wurden die Stellen aufgesucht, die a) Spannungen charakterisierten (bevorzugt Oppositionen und Quadrate) und b) einen geringen Textumfang hatten, also keine Möglichkeit für die Wahl von Passendem boten, sondern es sollte das, was da stand, so genommen werden, wie es da stand und nicht anders. Es sollte kein Raum für die manipulative Interpretation vorhanden sein. Vielleicht findet sich an anderer Stelle etwas, was eine Gegentendenz ausdrückt. Aber die Sterne zwingen nicht, und der Weise beherrscht sie. Es kommt mir nur darauf an, das Detail zu finden, das ich sozusagen vorgedacht habe, weil ich es erlebt hatte.

Das ist so, als ob man eine bekannte Person in einem Foto von einem Menschengewühl identifizieren möchte. Erkennen Sie die Person X auf dem Foto ?

Diese Strukturentsprechungen (Voss) stellen zwei parallele Bilder dar: einmal das Bild, das ich mir von der Person gemacht habe und dann das Bild, das das Horoskop von ihr macht. Wie können sie in so vielen Fällen übereinstimmen ? Was ist wishful thinking ? Wo ist der Wunsch der Vater des Gedankens, Fundes ? Sind wir nicht oft bestechlich und gehen mit dem geheimen Wunsch ans Werk (warum sollten wir uns sonst die Mühe eines Horoskops machen ?), alles möge zutreffen ? Statten wir nicht schon die Technik und Theorie mit Autorität aus ?

Was ist aber nun, wenn ich eine Übereinstimmung jemandem, der die alte Charakterkunde und Weisheitskunst herausfordert, auf den Kopf zusage, d.h. ihm, der widerwillig zuschaut, die Entsprechung demonstrieren kann ?

Ist das Verlangen nach einer Erklärung nicht überflüssig, wenn „es" funktioniert wie die Homöopathie ?

Und wenn es einmal nicht zutrifft, macht es die Freiheit des Menschen glaubwürdig, daß manche Leidenschaften, die dort auf dem Papier stehen, beim besten Willen nicht mehr zu entdecken sind: Es muß nicht alles aktiv und beobachtet worden sein. Das weiß übrigens allein der Proband, der nämlich den beschriebenen Zug seiner Persönlichkeit gelernt hat zu beherrschen. Umso besser. Aber Thomas von Aquin bemerkt, daß die meisten das eben nicht schaffen, (Herr ihrer Neigungen zu sein), deswegen werden die meisten Horoskope bestätigt.

Was da geschrieben steht, ist nur das Rohmaterial, und seine Möglichkeiten liegen in unserer Hand, wenn wir einmal Gott unbeachtet lassen.

Es ist wahr, wir versetzen uns ins Mittelalter – das nicht finster war - Wahrsagerei war zwar umstritten, natürliche Astrologie aber allgemein anerkannt und praktiziert. Was die Kirche gelten ließ, soll uns hier nicht interessieren. Nehmen wir halt zu den unzähligen psychologischen Schulen noch eine hinzu mit einem beeindruckenden Rechenapparat, was schadet es – und verlieren wir die driekte Einflußnahme des Himmels nicht aus den Augen, auch wenn das psychologische Ausweichmanöver noch so verlockend weil bequem, unbelastet und sicher erscheint. Da hätte man seine Ruhe, wo doch für den gebildeten Menschen klar ist, daß NIE so weit entfernte Planeten irgendetwas hier bewirken können. Daß Sonne und Mond es anerkanntermaßen tun, sollte ihn stutzig machen. Ja die Gene, das hört man überall als Vor-urteil, die sind fast für alles verantwortlich und folglich an vielem schuld, obwohl keine naturwissenschaftlichen Daten vorliegen. Ein Atheist, - ein Unding, weil er, ohne sich durch Gott negativ zu definieren, gar keine Existenz fände – könnte ruhig in die

Bestimmung durch die Sterne einwilligen, er hätte nichts zu befürchten (keinen Gott), es würde vollkommen in sein Weltbild passen, wenn es denn deterministisch wäre, denn Freiheit wird von den sich vordrängenden Neurowissenschaften, die sich für allein zuständig halten, für eine Illusion erklärt.

Also, zurück zu den Planeten, was spricht dagegen, daß sie als Zweitursachen (gelenkt von den zuständigen beauftragten Engeln (Thomas)) einen wie auch immer gearteteten Einfluß ausüben dürfen – unsere Freiheit im Umgang mit unserem „Stoff" unangetastet ?

War die Neuzeit nicht durchsetzt von Arbeiten in der Physik über „Fernkräfte" ? Was erzählt uns die Quanten-Abteilung über die von ihr konstatierten „Wunder" alles ! Und da sollen wir still halten und – auch wenn es sich nur um die naturwissenschaftliche Reduktion handelt  - nicht die Einladung nicht freudig entgegennehmen ?

Wir brauchen uns nicht auf Intuition zu berufen, wenn wir ehrlich sind: zu ihr zu flüchten - lassen wir doch einfach den Kosmos, der nicht „draußen" ist, wirken. Alles, was wirkt, ist nach Jung „Wirklichkeit". Hier ist der Kosmos und er ist eine „lebendige" Einheit (Plotin).

Albertus Magnus benutzt den Begriff des Zeichens. Damit ist aber etwas anderes gemeint, kein pures Symbol ohne innerlichen Zusammenhang:

Die ersten Ursachen (Sterne) geben den unmittelbaren (nur auf der Erde wirkenden) den Anstoß und eine gewisse Richtung.

Für Johannes von Damaskus bedeutet ein Zeichen weniger als die Ursache. Nach Boethius folgt auf eine Ursache mit Notwendigkeit eine Wirkung. Zeichen ist aber nur eine weiter zurückliegende Ursache, die eine Hinneigung hervorruft, nicht jedoch mit Notwendigkeit und nicht ohne Mitwirkung anderer Ursachen.

Das Willensvermögen erfährt auch von der organischen Befindlichkeit her eine Hinneigung zu bestimmten Handlungen. Der ganze Lebensprozeß wird so auch durch den Einfluß der Gestirne kräftemäßig vorbedeutet, gefördert und gebremst.

Die Himmelskörper können den freien Willen in eine bestimmte Richtung neigen oder ihn abdrängen, so ähnlich wie der Leib einen Einfluß auf die Seele ausübt.
Wie der Arzt arbeitet der Astrologe mit anderen Anzeichen, die weiter zurückliegen und nur einen Bezug auf den Leib haben, in der Seele aber höchstens über eine Art gefühlsmäßiger Hinneigung etwas ausrichten.

Für Albert den Großen, einen der ersten großen Naturphilosophen, der sich an Aristoteles orientierte und dem Thomas von Aquin in diesem Zusammenhang folgte, war es wichtig, die Astrologie nur in den oben genannten Grenzen gelten zu lassen.

Wir sind von unserem Weltbild so weit vorgeprägt und eingeengt, daß wir den Kosmos der Physik überlassen haben und die Leidenschaften des Menschen der Genetik und Psychiatrie. Einflüsse von außen billigen wir höchstens den Sonnenflecken zu. Sogar das Biowetter können wir akzeptieren.

Was die Planeten und und unser Leben betrifft: Die große Entfernung – der Raum – macht uns Schwierigkeiten. Auch die Zeit: für uns ist jeder Augenblick wie der andere – ein Ergebnis der Regentschaft der Mathematik. Für die Astrologie hat jeder Augenblick einen anderen Sinn (Jünger), eine andere Qualität. Und alles ist Kosmos mit allem verbunden, „vernetzt".

Lassen wir es zu, einem Himmelskörper gewisse „menschliche" Eigenschaften zuzuschreiben, denn nur so kann er uns beeinflussen ? Leben kann nur von Verwandtem etwas empfangen, Gleiches nur Gleiches erkennen.

Oder deklarieren wir zur Küche der Leidenschaften die Biologie (Abstammung, Genetik, Krankheit), die „Gesellschaft" (Kapitalismus !) oder gar unsere eigenen Taten (unlogisch !)

Wenn wir uns erst einmal von der eingeschränkten Sichtweise der Naturwissenschaften verabschiedet haben, auch der mit etwas Psychologie verbündeten Soziologie, eröffnet sich ein größerer Horizont, hoffentlich der ganze der „Wirklichkeit", der nur mit Hilfe der Zusammenarbeit der Wissens-Disziplinen (auch der Theologie, wie Horkheimer anmahnt ) zu erblicken ist.

Was interessiert uns dann, wie die Planeten es „machen" ? Müssen wir alles messen, berechnen können, um es für wirklich zu erklären ?

Das ganze Problem löst sich vollends in Luft auf, wenn wir dem Logos allmächtige Gestaltungskraft zubilligen. Wenn der Kosmos von sich als „Gedachtem" Zeugnis ablegt, in dem Maße, wie wir seine Geistigkeit erkennen dürfen (Naturgesetze z.B.), kommen auch wieder die „Zeichen" der Genesis ins Spiel.

Auch das Gerede von der „Gleichheit" der Individuen hört auf, und wir akzeptieren, daß jeder eine andere Aufgabe zugewiesen bekommen hat mit seinen Neigungen, in der es seine Freiheit zu bewähren gilt. Das Augenmerk fällt dann nur noch auf das, was als echte Sünde oder Fehler (für die Atheisten) zu deklarieren ist. Alle anderen Unterschiede und Eigenarten finden unser Verständnis. Sympathie und Toleranz werden gefördert. Es werden auch Grenzen aufgezeigt, innerhalb deren jeder zu wirken hat, und die er nicht überschreiten kann. Viele Verhaltensweisen, die wir am anderen zu kritisieren, abschaffen zu müssen glaubten, fallen in die „normale" Bandbreite menschlichen Verhaltens, die diese uralte Charakterkunde demonstriert – jeder hat sein Päckchen zu tragen und man greift nicht vorschnell zum Messer, wo es nichts zu operieren gibt, sondern nur gesundes Gewebe vorhanden ist.

Um oben anzuschließen – was anderes als kosmische Gaben (Rudhyar) sind die Eigenschaften der zwölf Tierkreiszeichen ? Wie ich sagte: Aufgaben, Prüfungen, die unserem Leib zugrundeliegen.

Können wir ohne Scheuklappen die vielen Überreinstimmungen leugnen, von welcher Brille aus auch immer ignorieren, mit dem Ergebnis, daß wir für die ganze Fülle dessen, was die Schöpfung für uns bereithält, (farben)blind werden ?

Der Königin der Wissenschaften, wie sie einst genannt wurde, gebührt ein Ehrenplatz, oder ? Wer könnte uns sonst solch einen wunderbaren Spiegel vorhalten, zumindest was die Leidenschaften betrifft, mit denen wir immer wieder den Kampf aufnehmen.

Nach 1800 finden sich vereinzelte Spuren der ernsthaften Beschäftigung mit Astrologie, wenn man einmal von dem nieendenwollenden Interesse der Massen an Zeitungsastrologie, die den Namen nicht verdient und verunehrt, absieht. Diese Form ist die verbreitetste Religion unserer Tage, Vorhersage für den Sofortverzehr, die allen Regeln der Kunst zuwiderhandelt.

Hier eine Auswahl:

Sir Walter SCOTT kommt mit seinem zweiten Geschichtsroman Guy Mannering, im Untertitel Der Astrologe, in das Fahrwasser. Er zitierte den Vers : Astra regunt hominem, sed regit astra Deus. Sterne regieren den Menschen, aber Gott regiert die Sterne.

Ernst JÜNGER unternimmt eine Verteidigung der Astrologie in: An der Zeitmauer : Messbare und Schicksals-Zeit, Gedanken eines Nichtastrologen zur Astrologie.

Franz von BAADER, vielleicht der letzte große katholische Philosoph verweist in „Die Schrift der Gestirne" auf die Genesis, wo das Gestirn gesetzt sei, um Zeiten und ZEICHEN zu geben, worüber noch der Stern bei der Geburt Christi Zeugnis gibt, und welchen lesen zu können die ältesten Völker mit ihrer Clairvoyance ungleich näher standen, ...Will man aber wissen, was dieser Gestirnhimmel eigentlich bedeute, so lerne man von J. Böhme, daß selber ein Reflex der Sophia im ewigen Himmel ist, und diese zeitliche Sternenkrone (corona) ein (nicht reines) Nachbild jener ewigen Sternenkrone, welche gleichfalls als Schrift allen Himmelsbewohnern sichtbar ist.

Walter BENJAMIN, einer der Väter der Kritischen Theorie und zugleich Messiasgläubiger, schreibt:

- Als Erforscher der alten Überlieferungen müsse man damit rechnen, daß in den Konstellationen der Sterne sinnfällige Gestaltung, mimetischer Objektcharakter bestanden habe.

- Dazu werde man das Horoskop als eine originäre Ganzheit, die in der astrologischen Deutung nur analysiert werde, begreifen müssen.

- Der Gestirnstand stelle eine charakteristische Einheit dar und erst an ihrem dortigen Wirken würden die Charaktere der Planeten erkannt.

- Man müsse damit rechnen, daß Vorgänge am Himmel von früher Lebenden nachahmbar waren und dies die Anweisung enthielt, eine vorhandene Ähnlichkeit zu handhaben.

- In diesem mimetischen Vermögen müsse man die Instanz erblicken, welche der Astrologie ihren Erfahrungscharakter gegeben habe.

- Dann sei es möglich den Vollbesitz der Gabe, insbesondere die vollendete Anbildung an die kosmische Seinsgestalt, dem Neugeborenen beizulegen.

- Was der Gestirnstand vor Jahrtausenden im Augenblick des Geborenwerdens wirkte, webte sich auf Grund der Ähnlichkeit hinein.

( aus der Lehre vom Ähnlichen )

- Mit der Hindeutung aufs Astrologische beginne GOETHEs „Wahrheit und Dichtung". Und nicht gänzlich scheine dies Leben astrologischer Betrachtung entzogen. Goethes Horoskop verweise von seiner Seite auf die Trübung dieses Daseins.

C. S. LEWIS, der Autor von Narnia:

(übersetzt aus Ward, Planet Narnia)

„ Wer weiß, vielleicht wußten die Alten in diesem wie in so vielen Dingen mehr als wir."

„Er räumt ein, daß „ die Sterne ihre Göttlichkeit verloren, als sich die Astronomie entwickelte", behauptet aber, daß „es nicht die größten modernen Wissenschaftler sind, die am sichersten fühlen, daß das Objekt, von seinen qualitativen Eigenschaften befreit und auf bloße Quantität reduziert, gänzlich wirklich ist. Kleine Wissenschaftler und kleine unwissenschaftliche Anhänger von Wissenschaft mögen so denken. Die großen Geister wissen sehr gut, daß das Objekt, das so behandelt wird, eine künstliche Abstraktion ist, daß etwas von seiner Wirklichkeit verloren gegangen ist."

„So, wenn Lewis „allen guten Sternen" für glückliche Ereignisse dankte, war es für ihn keine gänzlich leere Phrase."

„Er dachte, mittelalterliche Astrologie sei von „beständigem Wert".

„Nachdem er eines Nachts eine ungewöhnliche Planetenkonstellation gesehen hatte, schrieb er seinem Bruder, daß er nun „verstände, was hinter aller Astrologie stecke, „ nämlich, „ die Schwierigkeit, zu glauben, daß etwas Prächtiges ohne Bedeutung sei."

Oswald SPENGLER schrieb im einflußreichen „Untergang des Abendlandes":

„die chaldäische Religion ist eine Astralreligion...Sie stellt die tiefsinnigste Deutung des magischen Weltraumes, der Welthöhle mit dem in ihr waltenden Kismet dar, die es gibt."

Joseph Kardinal RATZINGER (Benedikt XVI.) in „Der Geist der Liturgie":

Bezogen auf den Zusammenhang zwischen dem Sternbild des Widders – die Opferung Isaaks und den Widder als Ersatz: das Vor-Bild des gekreuzigten Jesus und die konsequente Festlegung des Ostertermin auf den ersten Monat durch Papst Leo den Großen ( die Sonne durchschreitet den ersten Abschnitt des Tierkreises ), resümiert er:

„ Daß von diesen kosmischen Bildern her den Christen die weltumspannende Bedeutung Christi auf unerhörte Weise sichtbar war ...- das leuchtet ein. Es scheint mir klar, daß auch wir diesen kosmischen Blick zurückgewinnen müssen, wenn wir das Christentum wieder in seiner ganzen Weite verstehen und leben wollen."

„Die Erzählung von der Anbetung der Weisen wurde dem christlichen Denken wichtig, weil sie den inneren Zusammenhang zwischen der Weisheit der Völker und dem Verheißungswort der Schrift zeigt; weil sie zeigt, wie die Sprache des Kosmos und das wahrheitssuchende Denken des Menschen auf Christus hinführen. Der geheimnisvolle Stern konnte zum Symbol für diese Zusammenhänge werden..., daß die Sprache des Kosmos und die Sprache des menschlichen Herzens beide abkünftig sind von dem „Wort" des Vaters, das in Bethlehem aus dem Schweigen Gottes herausgetreten ist und die Fragmente unseres menschlichen Erkennens zum Ganzen zusammenfügt."

Zu den Engeln sagt Kardinal DANIELOU:

„ Und wir sind unsererseits der Meinung, die intelligente und starke Regierung, von der die Ordnung des Kosmos zeugt, könnte sehr wohl die himmlischen Geister zu Verwaltern haben, mag dies auch der rationalistischen Einstellung gewisser Zeitgenossen widersprechen. Es könnte recht wohl sein, daß uns diese Verbindung zwischen den Engeln und dem sichtbaren Weltall den Schlüssel zu gewissen Geheimnissen bieten würde."

Kardinal NEWMAN wies auf die Engel als „Maschinisten des Weltalls" hin und fragte sich, „ob diese Lehre nicht vernünftiger und erfreulicher sei für den Geist als jene, die sich damit zufrieden gibt, auf die Gesetze und Theorien der Wissenschaft hinzuweisen."

Nachdem wir hiermit bei dem Walten der Vorsehung angekommen sind, bleibt mir nur noch übrig, folgenden Zettel hinzuzufügen:

HÖLDERLIN

An einen Baum

...und die ewigen Bahnen
Lächelnd über uns hin zögen die Herrscher der Welt,
Sonne und Mond und Sterne, und auch die Blitze der Wolken
Spielten, des Augenblicks feurige Kinder, um uns,
Aber in unserem Innern, ein Bild der Fürsten des Himmels,
Wandelte neidlos der Gott unserer Liebe dahin..."

Dank an

Paracelsus, Jakob Böhme, Gerhard Voss, Frances Sakoian, Dane Rudhyar und Linda Goodman